Dr. Oetker alles selbst gemacht

Konfekt

und Pralinen

Dr. Oetker alles selbst gemacht

Konfekt und Pralinen

Dr. Oetker Verlag

Vorwort

Köstlichem Konfekt kann einfach niemand widerstehen.
Aber der große Aufwand hält uns oft davon ab, es selbst zuzubereiten.

Jetzt kann sich jeder an die kleinen Leckereien trauen,
denn die Zubereitung ist einfach und schnell
und diese Pralinen machen garantiert jeden schwach.

Verschenken Sie saftige Baileys-Pralinen oder scharfe Chili-Pralinen,
machen Sie Ihren Kleinen mit Bärchen-Pralinen eine Freude
oder bringen Sie spontan raffinierte Rotweinpflaumen oder leckere Erdnusshügel mit.

Alle Rezepte sind von Dr. Oetker erprobt und werden Ihnen leicht gelingen.

Abkürzungen

EL	=	Esslöffel
TL	=	Teelöffel
Msp.	=	Messerspitze
Pck.	=	Packung/Päckchen
g	=	Gramm
kg	=	Kilogramm
ml	=	Milliliter
l	=	Liter
Min.	=	Minuten
Std.	=	Stunden
evtl.	=	eventuell
geh.	=	gehäuft
gestr.	=	gestrichen
Ø	=	Durchmesser

Hinweise zu den Rezepten

Lesen Sie bitte vor der Zubereitung – besser noch vor dem Einkaufen – das Rezept einmal vollständig durch. Oft werden Arbeitsabläufe oder Zusammenhänge dann klarer.
Beim Auflösen von Schokolade benötigen Sie in vielen Rezepten Speiseöl. Verwenden Sie hier neutral schmeckendes Öl wie z. B. Sonnenblumen- oder Rapsöl.
Bewahren Sie Konfekt mit frischen Zutaten (z. B. Sahne) im Kühlschrank auf und verzehren Sie es innerhalb der im Rezept angegebenen Zeit.

Zubereitungszeiten

Die Zubereitungszeiten beinhalten nur die Zeit für die eigentliche Zubereitung. Längere Wartezeiten wie Marinier- oder Kühlzeiten sind nicht mit einbezogen.

Baileys-Pralinen

etwa 35 Stück

Zubereitungszeit: 40 Minuten, ohne Durchzieh- und Kühlzeit
Haltbarkeit: gekühlt 6–8 Tage

Zutaten:

100 g	Löffelbiskuits
150 ml	Baileys (Irish Cream Likör)
150 g	Vollmilch-Kuvertüre
	Zum Bestäuben:
30 g	Kakaopulver

1. Löffelbiskuits grob zerkleinern, in eine Schale geben, mit dem Likör tränken und etwa 30 Minuten durchziehen lassen. In der Zwischenzeit Kuvertüre grob hacken, in einem kleinen Topf im Wasserbad bei schwacher Hitze geschmeidig rühren und abkühlen lassen.
2. Die flüssige Kuvertüre unter die Likörmasse rühren. Die Likör-Kuvertüre-Masse auf einem mit Backpapier belegten Küchenbrett mit einem großen, glatten Messer zu einem Rechteck von etwa 14 x 15 cm ausstreichen. Die Oberfläche mit einem Drittel von dem Kakao bestäuben und die Platte etwa 30 Minuten kalt stellen.
3. Das Rechteck am besten mit einem zweiten Küchenbrett wenden, so dass die untere Seite oben liegt und mit der Hälfte des restlichen Kakaos bestäuben. Das Rechteck in 2 x 3 cm lange Pralinen schneiden und die Schnittkanten in dem restlichen Kakao wenden.
4. Die Pralinen etwa 1 Stunde kalt stellen, dann gut verpackt und gekühlt in einer Dose aufbewahren.

Rotwein-Pflaumen-Pralinen

etwa 30 Stück

Zubereitungszeit: 40 Minuten, ohne Durchziehzeit
Haltbarkeit: etwa 5 Tage

Zutaten:

100 g	entsteinte, getrocknete Soft-Pflaumen (etwa 15 Stück)
75 ml	Rotwein
150 g	Marzipan-Rohmasse
50 g	gesiebter Puderzucker
	Für den Guss:
100 g	Edelbitterschokolade (70 % Kakao)
1 TL	Speiseöl

1. Die Pflaumen längs halbieren. Rotwein in einem kleinen Topf zum Kochen bringen, die Pflaumen hinzufügen und alles bei schwacher Hitze etwa 3 Minuten köcheln lassen. Die Pflaumen im Rotwein etwa 1 Stunde kalt stellen und durchziehen lassen.
2. Marzipan mit Puderzucker verkneten, auf der leicht mit Puderzucker bestäubten Arbeitsfläche zu einem Rechteck von 30 x 30 cm ausrollen und in 30 Rechtecke von 5 x 6 cm schneiden. Jeweils 1 Pflaumenhälfte in die Mitte der Marzipanrechtecke legen, die Seiten einschlagen und die Pflaume in das Marzipan einrollen.
3. Für den Guss Schokolade in Stücke brechen und mit Speiseöl in einem kleinen Topf im Wasserbad bei schwacher Hitze geschmeidig rühren. Die Marzipanrollen auf eine Gabel geben, in die Schokolade tunken und auf einem Kuchenrost abtropfen lassen (evtl. Schokolade zwischendurch nochmals erwärmen). Die Schokolade fest werden lassen.
4. Anschließend die Pralinen in eine gut schließende Dose geben und an einem kühlen Ort aufbewahren.

Tipp: Besprenkeln Sie die überzogenen, fest gewordenen Pralinen mit der restlichen, nochmals erwärmten Schokolade.
Wälzen Sie die Pralinen nach dem Überziehen in Kakaopulver.

Batida-Kokos-Pralinen

etwa 60 Stück

Zubereitungszeit: 30 Minuten, ohne Kühlzeit
Haltbarkeit: etwa 14 Tage

Zutaten:

1 kleine Dose (160 ml)	Kokosmilch, cremig
200 g	weiße Schokolade
150 g	Kokosraspel
3 EL	Batida de Côco (Kokoslikör)
	Für den Guss:
75 g	Edelbitterschokolade (70 % Kakao)
1/2–1 TL	Speiseöl

1. Kokosmilch in einen kleinen Kochtopf geben, zum Kochen bringen und bei mittlerer Hitze etwa 5 Minuten auf die Hälfte einkochen lassen. Schokolade in Stücke brechen, hinzufügen und unter Rühren darin auflösen.
2. Den Topf von der Kochstelle nehmen und Kokosraspel und Batida de Côco unterrühren. Mit 2 Teelöffeln 60 kleine Häufchen auf Backpapier setzen und etwa 2 Stunden kalt stellen.
3. Für den Guss Schokolade in Stücke brechen und mit Öl in einem kleinen Topf im Wasserbad bei schwacher Hitze geschmeidig rühren. Die Kokoshäufchen vom Backpapier ablösen, mit der Unterseite in Schokolade tauchen, etwas abstreifen und wieder auf Backpapier setzen. Die Häufchen kalt stellen und die Schokolade fest werden lassen.

Tipp: Die Pralinen in einer gut schließenden Dose kühl aufbewahren.

Rumkirschen (Foto)

8 Stück

Zubereitungszeit: 30 Minuten, ohne Kühlzeit
Haltbarkeit: gekühlt etwa 10 Tage

Zutaten:

	Für die Masse:
75 ml	Schlagsahne
25 g	Halbbitter-Kuvertüre
2 EL	Rum
2 EL	gesiebter Puderzucker
	Außerdem:
8	Papierpralinenförmchen
8	Kirschen (aus dem Rumtopf)

1. Für die Masse Sahne in einem kleinen Topf zum Kochen bringen und den Topf von der Kochstelle nehmen. Kuvertüre in kleine Stücke hacken und unter Rühren in der Sahne auflösen.
2. Rum und Puderzucker unterrühren, bis die Masse glatt und glänzend ist. Die Schoko-Rum-Masse etwa 10 Minuten kalt stellen (sie muss streich- und spritzfähig sein).
3. Die Schoko-Rum-Masse in einen Spritzbeutel mit kleiner Lochtülle füllen und in jedes Papierpralinenförmchen einen Boden und am Rand einen Ring spritzen. Je 1 Kirsche in den Ring setzen und leicht andrücken. Die Rum-Kirschen in einer gut schließenden Dose kalt stellen.

Krokantbissen

etwa 35 Stück

Zubereitungszeit: 20 Minuten, ohne Kühlzeit
Haltbarkeit: etwa 10 Tage

Zutaten:

	Für die Krokantmasse:
20 g	Butter
60 g	Zucker
125 g	abgezogene, gehackte Mandeln
100 g	Zartbitterschokolade
5 EL	Schlagsahne

1. Für die Krokantmasse Butter und Zucker in einer Pfanne so lange erhitzen, bis die Masse leicht gebräunt und der Zucker gelöst ist. Mandeln hinzufügen und unter Rühren erhitzen, bis der Krokant ausreichend gebräunt ist. Die heiße Masse auf ein gefettetes Backblech streichen und kalt stellen.
2. Die kalte Krokantmasse in kleine Stücke zerstoßen. Schokolade in kleine Stücke brechen, mit Sahne in einem kleinen Topf im Wasserbad geschmeidig rühren, etwas abkühlen lassen und den Krokant unterrühren.
3. Von der Masse mit einem Teelöffel Häufchen abstechen, auf ein Stück Backpapier setzen und im Kühlschrank fest werden lassen. Die Krokantbissen in Zellophanfolie verpacken oder in gut schließende Dosen geben und kühl aufbewahren.

Sesam-Lollis

etwa 25 Stück

Zubereitungszeit: 20 Minuten
Haltbarkeit: 3–4 Tage

Zutaten:

50 g	flüssiger Honig
140 g	Zucker
40 g	Aprikosenkonfitüre
50 g	ungeschälter Sesamsamen

Außerdem:
Holzspieße

1. Honig mit Zucker und Konfitüre in einen Edelstahltopf geben, zum Kochen bringen und bei schwacher Hitze etwa 5 Minuten köcheln lassen, dabei gelegentlich umrühren (die Masse soll goldgelb sein). Den Sesam dazugeben und gut verrühren.
2. Etwa 1 Teelöffel von der Masse auf Backpapier geben und mit Hilfe des Löffels zu einem Kreis von etwa 6 cm Durchmesser ausstreichen. Sofort einen Holzspieß in die Masse drücken, so dass ein Lolli entsteht.
3. Mit der restlichen Sesammasse so weiter verfahren, bis sie aufgebraucht ist. Sollte die Masse zu hart geworden sein, sie wieder kurz aufwärmen. Die Lollis vollständig erkalten lassen und anschließend vorsichtig vom Backpapier lösen.

Tipp: Die Unterseite der Sesam-Lollis kann mit aufgelöster Zartbitterschokolade (etwa 30 g) bestrichen werden.
Sesamsamen in einer Pfanne ohne Fett zuvor leicht bräunen.
Die Lollis an einem trockenen Ort aufbewahren.

Früchtestreifen

etwa 50 Stück

Zubereitungszeit: 40 Minuten, ohne Durchzieh- und Gefrierzeit
Haltbarkeit: etwa 14 Tage

Zutaten:

100 g	getrocknete, gezuckerte Mango (Reformhaus)
50 g	getrocknete Papaya (Reformhaus)
50 g	Marzipan-Rohmasse
2–3 EL	Rum
je 100 g	Zartbitterschokolade, weiße Schokolade und Vollmilchschokolade

1. Mango, Papaya und Marzipan in sehr feine Würfel schneiden, mischen, mit dem Rum tränken und zugedeckt etwa 30 Minuten durchziehen lassen. Eine Kastenform (25 x 11 cm) glatt mit Backpapier auslegen.
2. Zartbitterschokolade in Stücke brechen und in einem kleinen Topf im Wasserbad bei schwacher Hitze geschmeidig rühren. Flüssige Schokolade in die Form geben und verstreichen. Die Form leicht aufklopfen, bis die Schokolade glatt wird. Die Hälfte der Fruchtmischung vorsichtig mit einer Gabel auf der Schokolade verteilen.
3. Weiße Schokolade ebenfalls auflösen und vorsichtig in Streifen mit einem Esslöffel auf die Fruchtmischung geben, dabei die Form wieder leicht aufklopfen. Die restliche Fruchtmischung vorsichtig auf die Schokolade geben. Zuletzt Vollmilchschokolade auflösen und vorsichtig mit Hilfe eines Esslöffels gleichmäßig auf der Fruchtmischung verteilen.
4. Die Form etwa 10 Minuten ins Gefrierfach stellen, bis die Schokolade fest geworden ist. Die Schokoladenplatte mit dem Backpapier aus der Form heben und Backpapier entfernen. Die Platte einmal der Länge nach senkrecht durchschneiden, so dass zwei lange Streifen (25 x 5,5 cm) entstehen. Die Streifen in etwa 1 cm dicke Scheiben schneiden. Das Konfekt gut verpackt kühl aufbewahren.

Tipp: Statt Rum kann auch Orangenlikör oder Cognac verwendet werden. Statt Backpapier können Sie auch Frischhaltefolie verwenden, um die Backform auszulegen.

Marzipan-Ravioli

etwa 60 Stück

Zubereitungszeit: etwa 2 Stunden
Haltbarkeit: etwa 1 Woche

Zutaten:

Für Füllung I:

100 g	getrocknete, entkernte Datteln
20 g	abgezogene, gehackte Mandeln
2 EL	Amaretto-Likör

Für Füllung II:

100 g	getrocknete, entsteinte Pflaumen
10 g	fein gehacktes Orangeat
20 g	fein gehackte Walnusskerne
2 EL	Zwetschengeist
1/2 TL	gemahlener Zimt

Für Füllung III:

100 g	getrocknete, weiche Feigen
20 g	fein gehackte Haselnusskerne
2 EL	brauner Rum

Außerdem:

100 g	Zucker
150 ml	Wasser
500 g	Marzipan-Rohmasse
200 g	gesiebter Puderzucker
2 EL	Wasser
50 g	Kakaopulver
200 g	Halbbitter-Kuvertüre
1 EL	Speiseöl
1 Becher (150 g)	Haselnussglasur

1. Für Füllung I Datteln fein hacken und mit den übrigen Zutaten vermischen.
2. Für Füllung II Pflaumen fein hacken und mit den übrigen Zutaten vermischen.
3. Für Füllung III Feigen fein hacken und mit den übrigen Zutaten vermischen.
4. Die Füllungen zugedeckt beiseite stellen. Zucker mit Wasser kochen lassen, bis der Zucker gelöst ist.
5. Marzipan mit Puderzucker und Wasser verkneten. Die Masse in 6 gleiche Teile teilen und 4 Teile in Folie wickeln.
6. Zwei Teile jeweils auf etwas Puderzucker ausrollen (etwa 20 x 20 cm) und eine Platte mit Zuckerlösung bestreichen. Eine der Füllungen in Häufchen darauf verteilen, mit der zweiten Platte bedecken und leicht andrücken. Runde oder quadratische Ravioli (etwa 3 x 4 cm) ausstechen oder ausschneiden und die Ränder leicht zusammendrücken.
7. Restliche Marzipanteile und restliche Füllungen auf die gleiche Weise verarbeiten (aus jeder Sorte etwa 20 Stück zubereiten).
8. Ravioli mit Dattelfüllung mit Kakao bestäuben. Kuvertüre in Stücke hacken, mit Öl in einem kleinen Topf im Wasserbad bei schwacher Hitze geschmeidig rühren und Ravioli mit Pflaumenfüllung zur Hälfte mit aufgelöster Kuvertüre überziehen. Kuchenglasur nach Packungsanleitung auflösen und Ravioli mit Feigenfüllung zur Hälfte darin eintauchen.
9. Die Ravioli auf Backpapier fest werden lassen und an einem kühlen Ort in einer gut schließenden Dose aufbewahren.

Schoko-Hafer-Knusperchen

25–35 Stück

Zubereitungszeit: 20 Minuten, ohne Kühlzeit
Haltbarkeit: etwa 10 Tage

Zutaten:

100 g	getrocknete Aprikosen
100 g	knusprige Haferfleks (von Kölln)
200 g	Zartbitterschokolade
1 TL	Speiseöl

1. Aprikosen in sehr kleine Würfel schneiden und mit den Haferfleks in einer Schüssel gut vermischen. Schokolade in kleine Stücke hacken und mit Öl in einem Topf im Wasserbad bei schwacher Hitze geschmeidig rühren.
2. Die Aprikosen-Haferfleks-Mischung mit der Schokolade vermischen und auf eine mit Backpapier belegte Tortenplatte geben (Backpapier evtl. mit ein paar Tupfen flüssiger Schokolade an der Tortenplatte festkleben). Die Masse mit einem großen glatten Messer zu einem Kreis (Ø etwa 30 cm) flach streichen.
3. Die runde Platte etwa 1 Stunde kalt stellen, bis die Schokolade fest geworden ist. Dann die Schokoplatte vom Backpapier lösen, in kleine Stücke brechen und gut verpackt kühl aufbewahren.

Tipp: Anstelle von Zartbitterschokolade können Sie auch Blockschokolade verwenden.

Bärchen-Pralinen

etwa 30 Stück

Zubereitungszeit: 30 Minuten
Haltbarkeit: etwa 8 Tage

Zutaten:

50 g	Schoko-Milchcreme-Riegel für Kinder
100 g	Gummibärchen
30	Mini–Butterkekse, z. B. von Bahlsen

1. Schokoriegel in Stücke schneiden und in einem Topf im Wasserbad bei schwacher Hitze geschmeidig rühren. 40 g von den Gummibärchen mit einer Schere oder einem scharfen Messer in kleine Stücke schneiden und unter die Schokolade rühren.
2. Jeweils etwa 1/2 Teelöffel Schokoladenmasse auf einen Keks geben und mit je einem Gummibärchen belegen. Die Schokolade fest werden lassen.

Tipp: Die Pralinen in eine gut verschließbare Dose geben und kühl aufbewahren.

Walnuss-Aprikosen-Konfekt

etwa 30 Stück

Zubereitungszeit: 50 Minuten, ohne Durchziehzeit
Haltbarkeit: etwa 14 Tage

Zutaten:

125 g	getrocknete Aprikosen
3 EL	Apricot Brandy
200 g	Marzipan-Rohmasse
100 g	gesiebter Puderzucker
	Für Guss und Garnierung:
150 g	Halbbitter-Kuvertüre
1 EL	Speiseöl
100 g	Walnusskernhälften

1. Aprikosen in sehr kleine Stücke schneiden, mit Apricot Brandy beträufeln und zugedeckt etwa 2 Stunden durchziehen lassen.
2. Marzipan mit Puderzucker verkneten, anschließend die getränkten Aprikosenstückchen unterkneten.
3. Die Aprikosen-Marzipan-Masse auf einer mit Puderzucker bestäubten Arbeitsfläche zu gut 2 cm dicken Rollen formen und diese in gut 1/2 cm dicke Scheiben schneiden.
4. Für den Guss Kuvertüre in Stücke hacken und mit Speiseöl in einem kleinen Topf im Wasserbad bei schwacher Hitze geschmeidig rühren. Jede Marzipanscheibe hineintauchen, die Unterseite am Rand abstreifen und auf Backpapier setzen, evtl. nochmals umsetzen, damit das Konfekt keine „Füßchen" bekommt.
5. Walnusskernhälften auf den noch feuchten Guss setzen. Den Guss fest werden lassen. Das Konfekt in gut schließenden Dosen kühl und trocken aufbewahren.

Gletscherbrocken (Foto)

etwa 50 Stück

Zubereitungszeit: 80 Minuten, ohne Kühlzeit
Haltbarkeit: etwa 10 Tage

Zutaten:

Für die Masse:

250 g	Vollmilch-Kuvertüre
100 g	abgezogene, gestiftelte Mandeln
100 g	Vollkorn-Knäckebrot
200 g	Sahne-Muh-Muhs (Milch-Toffee-Bonbons)

Zum Verzieren:

100 g	weiße Kuvertüre

1. Für die Masse Kuvertüre in kleine Stücke hacken, in einem kleinen Topf im Wasserbad bei schwacher Hitze geschmeidig rühren und abkühlen lassen.
2. Mandeln in einer Pfanne ohne Fett goldbraun rösten und auf einem Teller abkühlen lassen. Knäckebrot in gleichmäßig große Stücke brechen und auf einem Bogen Backpapier verteilen.
3. Sahne-Muh-Muhs hacken und mit den Mandeln in einer Schüssel mischen. Die aufgelöste Kuvertüre mit Sahne-Muh-Muhs und Mandeln verrühren. Die Masse mit zwei Gabeln häufchenweise auf den Knäckebrotstücken verteilen, zwischendurch die Masse evtl. nochmals im Wasserbad leicht erwärmen. Die Häufchen kalt stellen und fest werden lassen.
4. Zum Verzieren weiße Kuvertüre in kleine Stücke hacken und in einem kleinen Topf im Wasserbad bei schwacher Hitze geschmeidig rühren. Die fest gewordenen Häufchen mit der Spitze in die Kuvertüre tauchen, etwas abtropfen lassen und wieder auf das Backpapier setzen. Kuvertüre fest werden lassen.

Schoko-Butter-Kugeln

etwa 35 Stück

Zubereitungszeit: 30 Minuten
Haltbarkeit: gekühlt etwa 8 Tage

Zutaten:

150 g	Vollmilchschokolade
50 g	weiche Butter
1	Portionsbeutel (25 g) Trinkschokoladenpulver
1 EL	Rum
etwa 50 g	Schokoladenstreusel

1. Von der Schokolade 125 g auf einer Küchenreibe fein reiben, restliche Schokolade in kleine Stücke hacken.
2. Butter geschmeidig rühren. Geriebene Schokolade, Trinkschokoladenpulver, Rum und gehackte Schokolade nach und nach unterrühren.
3. Aus der Masse knapp walnussgroße Kugeln formen (Masse evtl. zwischendurch kalt stellen), in den Schokoladenstreuseln wälzen und kalt stellen.
4. Zum Servieren die Pralinen in Papierpralinenförmchen anrichten.

Tipp: Statt in Streuseln können Sie die Kugeln auch in 15–20 g Kakaopulver wälzen.

Scharfes Chili-Konfekt

etwa 50 Stück

Zubereitungszeit: 40 Minuten, ohne Kühlzeit
Haltbarkeit: gekühlt 10–14 Tage

Zutaten:

2	rote Chilischoten
100 ml	Schlagsahne
125 g	Edel-Sahne-Schokolade (45 % Kakao)
100 g	weiche Butter
20 g	Puderzucker
200 g	hauchdünne Täfelchen (Edelbitter, z. B. von Lindt)

1. Chilischoten putzen, entkernen und in sehr feine Würfel schneiden. Sahne in einem Topf mit den Chilistücken zum Kochen bringen und bei mittlerer Hitze 2–3 Minuten auf etwa 75 ml einkochen lassen.
2. Schokolade in kleine Stücke brechen, zu der Sahne geben und darin unter Rühren auflösen. Die Masse etwas abkühlen lassen. Butter und Puderzucker mit Handrührgerät mit Rührbesen schaumig schlagen. Die Schokoladenmasse dazugeben, unterrühren und etwa 30 Minuten kalt stellen, bis eine spritzfähige Masse entstanden ist.
3. Die Schokoladen-Butter-Masse in einen Spritzbeutel mit kleiner Sterntülle füllen. Die Schokoladentäfelchen mit einem scharfen Messer der Länge nach halbieren und jeweils 2 kleine Tupfen auf eine Hälfte spritzen, mit der zweiten Hälfte belegen und mit der restlichen Creme verzieren.
4. Das Konfekt kalt stellen, dann in eine gut schließende Dose geben und wieder kalt stellen.

Sahne-Vanille-Konfekt (Foto)

etwa 30 Stück

Zubereitungszeit: 30 Minuten, ohne Kühlzeit
Haltbarkeit: 8–10 Tage

Zutaten:

	Für die Masse:
300 g	Vollmilch-Kuvertüre
125 ml (1/8 l)	Schlagsahne
1 Pck.	Dr. Oetker Bourbon-Vanille-Zucker
30 g	weiche Butter
	Zum Bestäuben und Wälzen:
50 g	gesiebter Puderzucker
20 g	Kakaopulver
	Pralinenförmchen

1. Für die Masse Kuvertüre grob hacken. Sahne mit Vanille-Zucker in einem kleinen Topf zum Kochen bringen und kurz kochen lassen. Topf von der Kochstelle nehmen.
2. Kuvertüre hinzufügen und unter Rühren darin auflösen. So lange rühren, bis eine glatte Masse entstanden ist. Die Schokoladenmasse in eine Schüssel geben und über Nacht kalt stellen.
3. Schokoladenmasse mit der Butter cremig aufschlagen und nochmals so lange kalt stellen, bis sie wieder fest geworden ist.
4. Aus der Masse knapp walnussgroße Kugeln formen, diese in Puderzucker wälzen und mit Kakao bestäuben. Die Kugeln in Pralinenförmchen geben und kühl aufbewahren.

Tipp: Das Konfekt hübsch verpackt in einer kleinen Schachtel verschenken.

Calvadoshappen

etwa 40 Stück

Zubereitungszeit: 25 Minuten, ohne Durchzieh- und Kühlzeit
Haltbarkeit: gekühlt 10–14 Tage

Zutaten:

4	getrocknete Apfelringe
3 EL	Calvados (Apfelbranntwein)
200 ml	Schlagsahne
250 g	Halbbitter-Kuvertüre
100 g	Kokosfett
	grob gehackte Pistazienkerne
	Papierpralinenförmchen

1. Die Apfelringe fein würfeln, mit dem Calvados übergießen und zugedeckt 3–4 Stunden durchziehen lassen.
2. Sahne zum Kochen bringen und von der Kochstelle nehmen. Kuvertüre grob hacken, mit dem Kokosfett in die Sahne geben und unter Rühren darin auflösen. Die Masse in eine Rührschüssel geben und kalt stellen, bis sie halb fest ist.
3. Die Masse mit Handrührgerät mit Rührbesen cremig aufschlagen und die Apfelstückchen mit dem Calvados unterrühren. Die Masse in einen Spritzbeutel mit großer Lochtülle geben, Tuffs in Papierpralinenförmchen spritzen, mit Pistazien garnieren und kalt stellen. Die Happen gut gekühlt servieren.

Tipp: Nach dem Erstarren die Pralinen zusätzlich mit aufgelöster weißer oder dunkler Kuvertüre besprenkeln.

Bunte Früchtespieße und Apfelspieße

je 20 Stück

Zubereitungszeit: etwa 30 Minuten
Haltbarkeit: 2–3 Tage

Zutaten:

Für die bunten Früchtespieße:

20	kleine Holzspieße
20	getrocknete Ananasstücke
20	entsteinte, getrocknete Datteln
10	getrocknete Aprikosen
75 g	weiße Schokolade
1 TL	Speiseöl

Zum Bestreuen:
geriebene Zartbitterschokolade
Sesamsamen
Liebesperlen

Für die Apfelspieße:

20	kleine Holzspieße
20	getrocknete Apfelringe
20	entsteinte, getrocknete Soft-Pflaumen
75 g	Zartbitterschokolade
1 TL	Speiseöl

Zum Bestreuen:
etwa 2 EL Kokosraspel

1. Für die Früchtespieße auf jeden Holzspieß ein Ananasstück, eine Dattel und eine halbierte Aprikose stecken.
2. Schokolade in Stücke brechen und mit dem Öl in einem kleinen Topf im Wasserbad bei schwacher Hitze geschmeidig rühren.
3. Auf jedem Spieß etwa einen Teelöffel Schokolade verteilen. Die Schokolade mit geriebener Schokolade, Sesam und/oder Liebesperlen bestreuen und fest werden lassen.
4. Für die Apfelspieße auf jeden Holzspieß jeweils einen Apfelring und eine Pflaume stecken und auf Backpapier legen.
5. Schokolade in Stücke brechen und mit dem Öl in einem kleinen Topf im Wasserbad bei schwacher Hitze geschmeidig rühren.
6. Auf jedem Spieß etwa einen Teelöffel Schokolade verteilen. Die Schokolade mit Kokosraspeln bestreuen und fest werden lassen.
7. Anschließend die Spieße in einer gut schließenden Dose kühl aufbewahren.

Tipp: Statt weißer Schokolade kann auch Vollmilchschokolade verwendet werden.
Zum Bestreuen eignen sich nach Belieben auch gehackte Pistazienkerne, Mandeln oder Nusskerne.

Erdnusshügel

etwa 35 Stück

Zubereitungszeit: 40 Minuten, ohne Kühlzeit
Haltbarkeit: etwa 8 Tage

Zutaten:

100 g	Nuss-Nougat
100 g	Erdnussmus, grob (Reformhaus)
25 g	weiche Butter
50 g	Erdnusskerne, geröstet und gesalzen
	Für den Guss:
100 g	Nougatschokolade
50 g	Zartbitterschokolade
1 TL	Speiseöl
35	kleine Oblaten (Ø 4–5 cm)
35	halbe Erdnusskerne, geröstet und gesalzen

1. Nougat in einem kleinen Topf im Wasserbad bei schwacher Hitze geschmeidig rühren und abkühlen lassen. Anschließend Nougat mit Erdnussmus und Butter mit Handrührgerät mit Rührbesen gut verrühren. Erdnusskerne fein hacken und unterheben. Die Masse mit 2 Teelöffeln auf Oblaten verteilen und auf einer Platte etwa 1 Stunde kalt stellen.
2. Für den Guss beide Schokoladensorten in Stücke brechen und mit dem Speiseöl in einem kleinen Topf im Wasserbad bei schwacher Hitze geschmeidig rühren. Jeweils etwa 1 Teelöffel Schokolade über die Erdnusshügel geben, mit je einer halben Erdnuss belegen und die Schokolade fest werden lassen.
3. Die Erdnusshügel in eine gut schließende Dose geben und an einem kühlen Ort aufbewahren.

Tipp: Statt die Pralinen mit je 1 Teelöffel Schokolade zu beträufeln, können Sie die Schokolade auch nur mit einem Teelöffel über die Pralinen sprenkeln (Foto unten).
Geben Sie die Erdnussmasse statt auf Oblaten in Papierpralinenförmchen.

Marzipan-Nougat-Würfel (Titelrezept)

etwa 30 Stück

Zubereitungszeit: 40 Minuten, ohne Kühlzeit
Haltbarkeit: etwa 14 Tage

Zutaten:

200 g	Marzipan-Rohmasse
50 g	gesiebter Puderzucker
50 g	abgezogene, gemahlene Mandeln
2 EL	Amaretto (Mandellikör)
	Für die Füllung:
200 g	Nuss-Nougat
	Zum Bestreichen und Bestreuen:
30 g	Halbbitter-Kuvertüre
etwa 1 TL	grob gehackte Pistazienkerne

1. Marzipan mit Puderzucker, Mandeln und Likör verkneten. Marzipanmasse vierteln und jedes Viertel auf der leicht mit Puderzucker bestäubten Arbeitsplatte zu einem Rechteck von 15 x 12,5 cm ausrollen.
2. Für die Füllung Nuss-Nougat in einem kleinen Topf im Wasserbad bei schwacher Hitze geschmeidig rühren. Auf die erste Marzipanplatte ein Drittel der Nougatmasse streichen, mit der zweiten Marzipanplatte belegen und mit der Hälfte des restlichen Nougats bestreichen. Dritte Marzipanplatte auflegen und restlichen Nougat aufstreichen. Letzte Marzipanplatte auflegen, vorsichtig andrücken und etwa 2 Stunden kalt stellen.
3. Zum Bestreichen Kuvertüre in kleine Stücke hacken, in einem kleinen Topf im Wasserbad bei schwacher Hitze geschmeidig rühren, auf die Oberfläche streichen und mit Pistazien bestreuen. Kuvertüre fest werden lassen.
4. Anschließend Marzipan mit einem scharfen Messer in Würfel (2,5 x 2,5 cm) schneiden. Das Konfekt gut verpacken (in Frischhaltefolie oder in eine Dose) und kühl aufbewahren.

Tipp: Statt der Pistazien können auch gehackte, gebräunte Mandeln oder Walnusskerne auf die Oberfläche gestreut werden.

Flammende Herzen (Titelrezept)

15–20 Stück

Zubereitungszeit: 20 Minuten, ohne Durchzieh- und Gefrierzeit
Haltbarkeit: etwa 14 Tage

Zutaten:

60 g	getrocknete Cranberries
2 EL	Kirschwasser
225 g	weiße Schokolade
15 g	Kokosfett

1. Cranberries in kleine Stücke schneiden, mit Kirschwasser verrühren und etwa 30 Minuten durchziehen lassen. In der Zwischenzeit Schokolade in Stücke brechen und mit Kokosfett in einem kleinen Topf im Wasserbad bei schwacher Hitze geschmeidig rühren.
2. In flexible herzförmige Eiswürfelförmchen aus Gummi jeweils 1/2 Teelöffel Schokolade geben, jeweils 1/2 Teelöffel Cranberrystücke darauf verteilen und jeweils mit 1/2 Teelöffel Schokolade bedecken. So weiter verfahren, bis Schokolade und Cranberrystücke aufgebraucht sind.
3. Die Herzen für etwa 15 Minuten ins Gefrierfach stellen und fest werden lassen. Die Herzen aus den Förmchen drücken, in eine gut schließende Dose geben und kühl aufbewahren.

Tipp: Nach Belieben können Sie auch andere flexible Eiswürfelformen verwenden.
Geben Sie auf jedes Herz einen Tupfen flüssige weiße Schokolade und garnieren sie es mit einer getrockneten Cranberry.

Weihnachtliche Mandelsplitter

etwa 25 Stück

Zubereitungszeit: etwa 30 Minuten, ohne Kühlzeit
Haltbarkeit: 10–14 Tage

Zutaten:

100 g	gestiftelte Mandeln
25 g	Orangeat
150 g	Zartbitterschokolade
1/2 Pck.	Dr. Oetker Finesse Orangenfrucht
1–2 Msp.	Lebkuchengewürz

1. Mandelstifte in einer Pfanne ohne Fett goldgelb bräunen und auf einem Teller erkalten lassen. Orangeat fein hacken.
2. Schokolade in Stücke brechen und in einem Topf im Wasserbad bei schwacher Hitze geschmeidig rühren. Orangenfrucht und Lebkuchengewürz unterrühren und Mandeln und Orangeat unterheben.
3. Ein Backblech mit Backpapier belegen und mit Hilfe von 2 Teelöffeln die Schokoladen-Mandel-Masse in kleinen Häufchen darauf setzen. Die Mandelsplitter auf dem Backblech kühl stellen, bis die Schokolade fest geworden ist.

Tipp: Nach Belieben fein gehacktes Orangeat auf die noch nicht fest gewordenen Mandelsplitter geben.
Statt eines Backblechs können Sie auch ein Tablett oder ein großes Brett verwenden.
Bereiten Sie verschiedene Varianten des Rezepts zu (Foto). Verwenden Sie zum Beispiel 50 g Cornflakes statt der gestiftelten, gebräunten Mandeln oder tauschen Sie die Zartbitterschokolade mit Lebkuchengewürz durch weiße Schokolade mit Zimt oder Vollmilchschokolade mit Spekulatiusgewürz aus. Statt Orangeat schmecken auch Zitronat oder getrocknete Apfelscheiben.

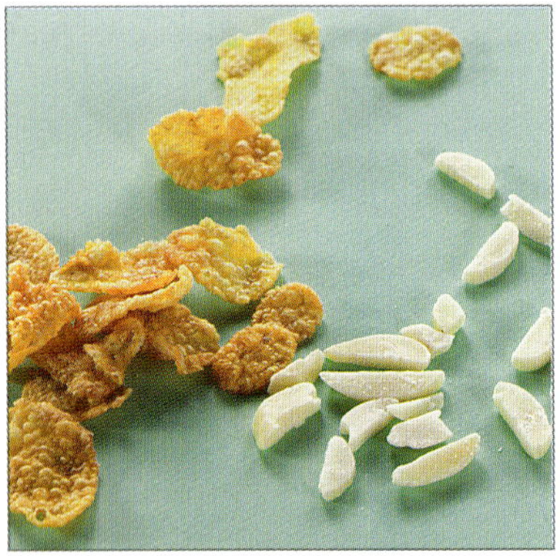

Mokkawürfel

etwa 42 Stück

Zubereitungszeit: 40 Minuten, ohne Kühlzeit
Haltbarkeit: etwa 8 Tage

Zutaten:

75 ml	Wasser
2 TL	lösliches Kaffeepulver
50 g	Butter
200 g	Kaffee-Sahne- oder Cappuccino-Sahne-Schokolade
50 g	Pinienkerne
25 g	Walnusskerne
100 g	Butterkekse

Zum Bestäuben:
Kakaopulver
Puderzucker

1. Wasser zum Kochen bringen und Kaffeepulver einrühren. Butter dazugeben und auflösen. Die grob gehackte Schokolade hinzufügen und bei schwacher Hitze geschmeidig rühren.
2. Die Masse etwas abkühlen lassen. Pinienkerne in einer Pfanne ohne Fett leicht bräunen. Walnusskerne grob hacken. Butterkekse in einen Gefrierbeutel geben, ihn verschließen und die Kekse mit einer Teigrolle grob zerkleinern. Pinienkerne, Walnusskernstücke und Keksstücke zur Schokoladenmasse geben und gut verrühren.
3. Die Masse auf eine mit Backpapier belegte Tortenplatte geben (Backpapier evtl. mit einigen Tupfen Schokoladenmasse festkleben) und mit einem großen glatten Messer zu einem Rechteck (15 x 17,5 cm) aufstreichen. Die Schokoladenmasse 2–3 Stunden kalt stellen und fest werden lassen.
4. Die Schokoladenmasse in Würfel (2,5 x 2,5 cm) schneiden und mit Kakao und Puderzucker bestäuben.

Tipp: Die Mokkawürfel in gut schließenden Dosen kühl lagern.

Pistazien-Marzipan-Herzen (Foto)

etwa 25 Stück

Zubereitungszeit: 50 Minuten, ohne Kühlzeit
Haltbarkeit: 10–14 Tage

Zutaten:

	Für die Marzipanmasse:
200 g	Marzipan-Rohmasse
75 g	gesiebter Puderzucker
75 g	fein gemahlene Pistazienkerne
1 EL	Kirschwasser
	Zum Ausrollen und Ausstechen:
	Puderzucker
	Für den Guss:
150–200 g	Halbbitter-Kuvertüre
2–3 TL	Speiseöl
	Zum Garnieren:
	Pistazienkerne

1. Für die Marzipanmasse Marzipan-Rohmasse mit Puderzucker, Pistazienkernen und Kirschwasser verkneten. Die Marzipanmasse auf einer mit wenig Puderzucker bestäubten Arbeitsfläche etwa 1 cm dick ausrollen und mit einer Ausstechform Herzen (Ø 3–4 cm) ausstechen, dabei die Form zwischendurch immer wieder in gesiebten Puderzucker tauchen.
2. Die Marzipanherzen vorsichtig aus der Form drücken und evtl. an der Form haftende Marzipanreste entfernen. Die Marzipanherzen mit Frischhaltefolie zudecken und etwa 1 Stunde kalt stellen.
3. Für den Guss Kuvertüre grob hacken und mit Öl in einem kleinen Topf im Wasserbad bei schwacher Hitze geschmeidig rühren. Die Marzipanherzen einzeln mit Hilfe von 2 Gabeln oder Pralinenbesteck in die Kuvertüre tauchen. An der Unterseite die Kuvertüre am Topfrand gut abstreifen.
4. Die Herzen auf Backpapier setzen, mit Pistazienkernen garnieren und den Guss fest werden lassen, evtl. Herzen zwischendurch umsetzen, damit keine „Füßchen“ aus Kuvertüre entstehen.

Tipp: Das Kirschwasser können sie ersatzlos weglassen. Die Herzen kühl und trocken lagern.

Dattelkonfekt

20–30 Stück

Zubereitungszeit: 35 Minuten
Haltbarkeit: etwa 10 Tage

Zutaten:

100 g	Marzipan-Rohmasse
1 TL	Honig
200 g	entsteinte, getrocknete Datteln
40 g	Zartbitterschokolade
knapp 1 TL	Speiseöl

1. Marzipan mit Honig verkneten und in so viele Stücke schneiden, wie Datteln vorhanden sind. Stücke etwas länglich formen und in die Datteln drücken.
2. Schokolade in Stücke brechen und in einem kleinen Topf im Wasserbad bei schwacher Hitze geschmeidig rühren. Die Dattelenden in die Schokolade tauchen, auf Backpapier legen und fest werden lassen.

Tipp: Das Dattelkonfekt in gut schließenden Dosen kühl aufbewahren.

Konfettischnecken

etwa 30 Stück

Zubereitungszeit: 40 Minuten, ohne Durchzieh- und Kühlzeit
Haltbarkeit: etwa 14 Tage

Zutaten:

1 Pck. (100 g)	Früchte-Mix (von Schwartau)
2 EL	Maraschino-Likör
75 g	weiße Schokolade
200 g	Marzipan-Rohmasse
40 g	gesiebter Puderzucker

1. Früchte-Mix in sehr feine Würfel hacken, mit dem Likör verrühren und etwa 30 Minuten durchziehen lassen. Schokolade in Stücke brechen, in einem kleinen Topf im Wasserbad bei schwacher Hitze geschmeidig rühren und die Fruchtwürfel unterrühren.
2. Marzipan mit Puderzucker verkneten und auf der leicht mit Puderzucker bestäubten Arbeitsfläche zu einem Rechteck (20 x 32 cm) ausrollen.
3. Die Fruchtwürfel-Schoko-Mischung esslöffelweise auf der Platte verteilen und vorsichtig mit einem Messer verstreichen. Die Platte von der längeren Seite aus aufrollen, in Frischhaltefolie einwickeln und etwa 1 Stunde kalt stellen.
4. Anschließend die Rolle in etwa 1 cm dicke Scheiben schneiden und als Konfekt verpackt kühl aufbewahren.

Tipp: Die Konfettischnecken luftdicht verpackt kühl aufbewahren.

Möhrenhäufchen

etwa 40 Stück

Zubereitungszeit: 40 Minuten, ohne Kühlzeit
Haltbarkeit: gekühlt 4–5 Tage

Zutaten:

20 g	Butter
125 g	fein geriebene Möhren (vorbereitet gewogen)
50 ml	Schlagsahne
2 EL	Aprikosenkonfitüre
50 g	weiße Schokolade
50 g	abgezogene, gemahlene Mandeln
1 Msp.	gemahlener Zimt
	Für den Guss:
100 g	Vollmilchschokolade
50 g	Zartbitterschokolade
1 TL	Speiseöl

1. Butter in einen Topf zerlassen, geriebene Möhren hinzugeben und etwa 2 Minuten dünsten lassen. Sahne und Konfitüre hinzugeben, verrühren und die Masse nochmals etwa 3 Minuten bei schwacher Hitze köcheln lassen. Topf von der Kochstelle nehmen und die grob gehackte Schokolade darin auflösen. Anschließend Mandeln und Zimt unterrühren.
2. Die Möhrenmasse mit Hilfe von 2 Teelöffeln in walnussgroßen Häufchen auf Backpapier setzen und etwa 1 Stunde kalt stellen.
3. Für den Guss Schokolade in Stücke brechen und mit dem Öl in einem kleinen Topf im Wasserbad bei schwacher Hitze geschmeidig rühren. Die Möhrenhäufchen mit Hilfe einer Gabel in die Schokolade tunken, auf einem Kuchenrost abtropfen und den Guss fest werden lassen (evtl. Schokolade zwischendurch nochmals erwärmen).
4. Die Möhrenhäufchen in eine gut schließende Dose geben und kalt stellen.

Tipp: Nach Belieben das Konfekt nach dem Überziehen mit gehackten Pistazien bestreuen.

Erdbeerpralinen

etwa 60 Stück

Zubereitungszeit: 40 Minuten
Haltbarkeit: etwa 14 Tage

Zutaten:

200 g	Marzipan-Rohmasse
75 g	Getränkepulver Erdbeer-Geschmack (für Milch-Mix-Getränke)
etwa 2 EL	Erdbeerkonfitüre
50 g	abgezogene, gehackte Mandeln
100 g	weiße Schokolade
5 g	Kokosfett

1. Marzipan mit dem Getränkepulver verkneten. Die Marzipanmasse halbieren und daraus 2 Rollen von je etwa 30 cm Länge formen. Konfitüre evtl. durch ein Sieb streichen und die Rollen damit bestreichen.
2. Mandeln auf Backpapier verteilen, die Marzipanrollen darauf geben und die Mandeln fest einrollen.
3. Schokolade in Stücke brechen, mit Kokosfett in einem kleinen Topf im Wasserbad bei schwacher Hitze geschmeidig rühren und etwas abkühlen lassen.
4. Die obere Seite der Marzipanrollen mit der Hälfte der Schokolade bestreichen, kalt stellen und fest werden lassen. Dann die Rollen wenden und die Unterseite mit der restlichen Schokolade bestreichen und Schokolade fest werden lassen.
5. Die Rollen in etwa 1 cm dicke Scheiben schneiden und gut verpackt kühl aufbewahren.

Tipp: Die Erdbeermarzipanmasse kann nach Belieben mit etwas roter Speisefarbe eingefärbt werden.

Hagebuttenkugeln (Foto)

etwa 25 Stück

Zubereitungszeit: 35 Minuten, ohne Kühlzeit
Haltbarkeit: etwa 8 Tage

Zutaten:

	Für die Hagebuttenmasse:
2 EL	Hagebuttenmark (Hiffenmark)
1 Pck.	Dr. Oetker Finesse Orangenfrucht
100 g	abgezogene, gemahlene Mandeln
100 g	gemahlene Pistazienkerne
	Zum Überziehen und Wälzen:
100 g	Halbbitter-Kuvertüre
1 EL	Speiseöl
1 TL	abgezogene, gemahlene Mandeln
3 EL	gehackte Pistazienkerne

1. Hagebuttenmark mit Orangenfrucht, Mandeln und Pistazien in einer Schüssel gut verrühren. Kleine Kugeln daraus formen, die Kugeln kalt stellen und etwas fest werden lassen.
2. Zum Überziehen Kuvertüre in Stücke hacken und in einem kleinen Topf im Wasserbad bei schwacher Hitze geschmeidig rühren. Die Hagebuttenkugeln mit Hilfe von 2 Gabeln in die Kuvertüre tauchen und auf einem Kuchenrost etwas abtropfen lassen. Mandeln und Pistazien mischen und die noch feuchten Kugeln darin wälzen.
3. Hagebuttenkugeln auf einem Kuchenrost fest werden lassen, nach Belieben in kleine Papierpralinenförmchen geben und kühl aufbewahren.

Tipp: Die Kugeln können statt in Pistazienkernen in gehackten, leicht gebräunten Mandeln gewälzt werden.

Orangentrüffel

etwa 30 Stück

Zubereitungszeit: 60 Minuten, ohne Kühlzeit
Haltbarkeit: 10–14 Tage

Zutaten:

	Zum Vorbereiten:
200 g	Zartbitterschokolade
75 g	abgezogene, gehackte Mandeln
	Außerdem:
125 g	weiche Butter
125 g	gesiebter Puderzucker
2–3 EL	Orangenmarmelade
75 g	Raspelschokolade

1. Zum Vorbereiten Schokolade in Stücke brechen, in einem kleinen Topf im Wasserbad bei schwacher Hitze geschmeidig rühren und abkühlen lassen. Mandeln in einer Pfanne ohne Fett leicht bräunen und auf einem Teller erkalten lassen.
2. Butter mit Handrührgerät mit Rührbesen auf höchster Stufe geschmeidig rühren und Puderzucker unterrühren. Aufgelöste Schokolade und Marmelade hinzufügen und die Zutaten gut verrühren. Die Masse zugedeckt einige Stunden kalt stellen.
3. Von der Trüffelmasse mit einem Teelöffel kleine Stücke abstechen und zu Kugeln formen, evtl. die Masse zwischendurch kalt stellen.
4. Die Hälfte der Trüffel in Mandeln, die andere Hälfte in Raspelschokolade wälzen. Orangentrüffel gut gekühlt aufbewahren und servieren.

Amarettini-Pralinen

etwa 40 Stück

Zubereitungszeit: 30 Minuten, ohne Kühlzeit
Haltbarkeit: etwa 10 Tage

Zutaten:

150 g	Amarettini (italienisches Mandelgebäck)
75 ml	Amaretto (Mandellikör)
150 g	Vollmilchschokolade
	Zum Verzieren:
25 g	Edelbitterschokolade (70 % Kakao)
25 g	weiße Schokolade

1. Amarettini in einen Gefrierbeutel geben, ihn verschließen und die Kekse mit der Teigrolle fein zerbröseln. Brösel in eine Schüssel geben und mit Mandellikör verrühren.
2. Schokolade in Stücke brechen und in einem kleinen Topf im Wasserbad bei schwacher Hitze geschmeidig rühren. Die Amarettini-Masse dazugeben und alles gut verrühren. Die Masse auf ein Stück Backpapier geben, zu einem Rechteck (20 x 10 cm) ausstreichen und etwa 30 Minuten kalt stellen. Die fest gewordene Platte in Würfel (2 x 2,5 cm) schneiden.
3. Zum Verzieren beide Schokoladen getrennt auflösen. Schokoladen getrennt in Papiertütchen oder kleine Gefrierbeutel füllen, eine kleine Ecke abschneiden, die Würfel damit verzieren und kalt stellen.

Tipp: Die Pralinen in einer gut schließenden Dose kühl aufbewahren.

Konfettistangen (Foto)

etwa 35 Stück

Zubereitungszeit: 60 Minuten, ohne Kühlzeit
Haltbarkeit: etwa 10 Tage

Zutaten:

200 g	weiße Crisp-Schokolade
70 g	Butter
75 g	Baiser
2–3 EL	Orangenlikör
	Für den Guss:
125 g	weiße Kuvertüre
1 TL	Speiseöl
	Zum Bestreuen:
etwa 50 g	Zucker-Konfetti

1. Schokolade in Stücke brechen, mit der Butter in einem kleinen Topf im Wasserbad bei schwacher Hitze geschmeidig rühren und abkühlen lassen.
2. Baiser in einen Gefrierbeutel füllen, Beutel fest verschließen und das Gebäck mit einer Teigrolle zerbröseln. Gebäckbrösel in eine Schüssel geben und mit Likör beträufeln. Schokoladen-Butter-Masse hinzufügen und die Zutaten gut vermischen.
3. Die Masse portionsweise in einen Spritzbeutel mit Lochtülle (Ø etwa 12 mm) füllen und etwa 6 cm lange Stangen auf ein mit Backpapier belegtes Brett spritzen. Die Stangen fest werden lassen, evtl. an einen kühlen Ort stellen.
4. Für den Guss Kuvertüre in kleine Stücke hacken und mit dem Öl in einem kleinen Topf im Wasserbad bei schwacher Hitze geschmeidig rühren.
5. Stangen mit trockenen Händen vorsichtig nachformen oder nachrollen, mit der aufgelösten Kuvertüre überziehen oder bestreichen, auf Backpapier legen und mit Zucker-Konfetti bestreuen. Guss an einem kühlen Ort fest werden lassen.

Mandel-Ingwer-Krokant

etwa 25 Stück

Zubereitungszeit: 45 Minuten, ohne Abkühlzeit
Haltbarkeit: etwa 1 Woche

Zutaten:

250 g	Zucker
200 g	flüssiger Honig
100 g	weiche Butter
250 g	abgezogene, gehobelte Mandeln
75–100 g	fein gewürfelter, kandierter Ingwer
	Für den Guss:
100 g	Halbbitter-Kuvertüre
2 TL	Speiseöl

1. Für die Krokantmasse Zucker in einem Topf unter Rühren schmelzen lassen. Honig und Butter unter Rühren hinzufügen und so lange rühren, bis eine einheitliche Masse entstanden ist.
2. Mandeln und Ingwer unterrühren. Die Masse unter Rühren zum Kochen bringen und unter ständigem Rühren einige Minuten kochen lassen.
3. Die Masse etwa 1½ cm dick auf ein Backblech (30 x 40 cm, gut mit Speiseöl bestrichen) streichen und etwas abkühlen lassen. Anschließend in kleine Rauten, Dreiecke oder Rechtecke schneiden und erkalten lassen.
4. Für den Guss Kuvertüre hacken, mit Speiseöl in einem kleinen Topf im Wasserbad bei schwacher Hitze geschmeidig rühren. Die Mandel-Ingwer-Krokant-Stücke jeweils mit einer Ecke oder Seite hineintauchen, die Unterseite abstreifen und auf Backpapier setzen. Kuvertüre fest werden lassen. Mandel-Ingwer-Krokant in gut schließenden Dosen kühl aufbewahren.

Pumpernickel-Pralinen

etwa 25 Stück

Zubereitungszeit: 40 Minuten, ohne Durchzieh- und Kühlzeit
Haltbarkeit: etwa 14 Tage

Zutaten:

100 g	Pumpernickel (2–3 Scheiben)
2 EL	Kirschwasser
100 g	Edelbitterschokolade (70 % Kakao)
1/2–1 Pck.	Dr. Oetker Bourbon-Vanille-Zucker
75 g	geriebene Edelbitterschokolade (70 % Kakao)
	nach Belieben Puderzucker

1. Pumpernickel fein zerbröseln, evtl. mit einer Gabel zerdrücken, mit dem Kirschwasser tränken und etwa 30 Minuten zugedeckt durchziehen lassen.
2. Schokolade in Stücke brechen und in einem kleinen Topf im Wasserbad bei schwacher Hitze geschmeidig rühren. Pumpernickel und Vanille-Zucker unterrühren, evtl. etwas abkühlen lassen und 50 g von der geriebenen Schokolade unterrühren.
3. Die Masse vierteln und Rollen (Ø etwa 2 cm) daraus formen. Die restliche geriebene Schokolade auf ein Backpapier geben und die Rollen darin wälzen. Die Rollen mit einem scharfen Messer in etwa 3 cm lange „Brote" schneiden, mit dem Messerrücken Kerben wie in ein Brot eindrücken und die Schnittflächen in die restliche geriebene Schokolade drücken.
4. Die Pumpernickel-Pralinen kalt stellen und fest werden lassen. Anschließend die Pralinen nach Belieben mit etwas Puderzucker bestäuben und in gut schließenden Dosen kühl aufbewahren.

Zitronenkugeln

etwa 40 Stück

Zubereitungszeit: 40 Minuten, ohne Kühlzeit
Haltbarkeit: gekühlt etwa 8 Tage

Zutaten:

1 Stange	Zitronengras (Asia-Laden)
2	Zitronenblätter (Asia-Laden)
100 ml	Schlagsahne
40 g	Zwieback
200 g	weiße Schokolade
	abgeriebene Schale von 1/2 Bio-Zitrone (unbehandelt, ungewachst)
1 EL	Zitronensaft
	Zum Wälzen:
30 g	feiner Zucker

1. Von der Zitronengrasstange die äußeren harten Stängel entfernen, den Rest in feine Streifen schneiden. Die Zitronenblätter halbieren.
2. Sahne in einem Topf mit Zitronengrasstreifen und -blättern zum Kochen bringen und bei mittlerer Hitze auf 75 ml einkochen lassen. Die Flüssigkeit durch in Sieb geben und wieder zurück in den Topf geben.
3. Zwieback fein reiben oder in einem Gefrierbeutel mit einer Teigrolle fein zerbröseln. Schokolade in Stücke brechen und unter Rühren in der warmen Sahne auflösen. Die abgeriebene Zitronenschale, Zitronensaft und Zwieback unterrühren.
4. Aus der Zitronenschokoladenmasse etwa 2 cm große Kugeln formen, in Zucker wälzen und kalt stellen.
5. Die Zitronenkugeln in eine gut schließende Dose geben und kalt stellen.

Tipp: Anstelle von Zitronengras und -blättern können Sie auch die Schale von einer Bio-Zitrone (unbehandelt, ungewachst) verwenden. Dazu die dünn abgeschälte Schale in kleine Stücke schneiden und statt Zitronengras und -blätter in der Sahne kochen.

Nougat-Erdnuss-Pralinen (Foto)

etwa 50 Stück

Zubereitungszeit: 40 Minuten
Haltbarkeit: gekühlt 10–14 Tage

Zutaten:

	Für die Pralinenmasse:
125 ml (1/8 l)	Schlagsahne
250 g	Halbbitter-Kuvertüre
150 g	Nuss-Nougat
30 g	Butter
2 EL	Erdnusscreme (creamy)
	Papierpralinenförmchen
2 EL	gehackte Pistazienkerne

1. Für die Pralinenmasse Sahne in einem kleinen Topf aufkochen lassen und von der Kochstelle nehmen. Kuvertüre hacken und unter Rühren darin auflösen. Die Masse in eine Rührschüssel geben. Nougat in Stücke schneiden und mit Butter und Erdnusscreme unterrühren.
2. Den Topf in eine Schüssel mit Eiswasser stellen. Die Masse mit Handrührgerät mit Rührbesen so lange schlagen, bis sie cremig und kalt ist.
3. Die Masse portionsweise in einen Spritzbeutel mit Sterntülle füllen, in Papierpralinenförmchen spritzen und mit Pistazienkernen bestreuen. Pralinen fest werden lassen und gut gekühlt servieren.

Tipp: Nach Belieben zusätzlich 1–2 Esslöffel Weinbrand oder Sherry unter die Pralinenmasse rühren.

Zimt-Canache-Stangen

etwa 25 Stück

Zubereitungszeit: 30 Minuten, ohne Abkühlzeit
Haltbarkeit: 10–14 Tage

Zutaten:

	Für die Masse:
100 ml	Schlagsahne
200 g	Vollmilch-Kuvertüre
25 g	Butter
1 schwach geh. TL	gemahlener Zimt
	Zum Wälzen:
2 EL	gesiebter Puderzucker
1/2 TL	gemahlener Zimt

1. Für die Masse Sahne in einem kleinen Topf zum Kochen bringen und von der Kochstelle nehmen. Kuvertüre sehr fein hacken und mit Butter und Zimt in die Sahne geben. Die Kuvertüre unter Rühren darin auflösen und so lange rühren, bis die Masse glatt ist. Masse erkalten lassen.
2. Wenn die Masse halb fest ist, sie mit Handrührgerät mit Rührbesen auf höchster Stufe cremig aufschlagen und in einen Spritzbeutel mit großer Lochtülle geben.
3. Stangen von etwa 3 cm Länge auf ein Stück Backpapier spritzen und kurz kalt stellen. Puderzucker mit Zimt mischen und die Stangen darin wälzen.

Tipp: Die Stangen kühl und gut verpackt aufbewahren.

Alphabetisches Register

Themenregister

Konfekt mit Alkohol

Konfekt mit Nüssen und Mandeln

Schnell zubereitet

Umwelthinweis Dieses Buch und der Einband wurden auf chlorfrei gebleichtem Papier gedruckt. Die Einschrumpffolie – zum Schutz vor Verschmutzung – ist aus umweltfreundlichem und recyclingfähigem PE-Material.

Wenn Sie Anregungen, Vorschläge oder Fragen zu unseren Büchern haben, rufen Sie uns unter folgender Nummer an 0521 155-2580 oder 520651 oder schreiben Sie uns:
Dr. Oetker Verlag KG, Am Bach 11, 33602 Bielefeld
oder besuchen Sie uns im Internet unter www.oetker.de.

Wir danken für die freundliche Unterstützung
DIAGEO, Rüdesheim/Rhein
Henkell & Söhnlein, Wiesbaden
Peter Kölln, Elmshorn

Redaktion Sabine Puppe

Titelfoto Thomas Diercks, Hamburg
Innenfotos Axel Struwe, Bielefeld, (S. 4, 6-11, 14-17, 20-23, 26, 27, 30-41, 44-49, 52, 53, 56-59)
Thomas Diercks, Hamburg (S. 25, 55, 61)
Ulrich Kopp, Sindelfingen (S.13, 19, 43)
Brigitte Wegner, Bielefeld (S. 29, 51)

Rezeptentwicklung und Foodstyling Eike Upmeier-Lorenz, Hamburg
Requisite Wolfgang Mentzel, Paderborn

Grafisches Konzept kontur:design, Bielefeld
Gestaltung kontur:design, Bielefeld
Titelgestaltung kontur:design, Bielefeld

Reproduktionen Kruse Reproduktion, Vreden
Satz JUNFERMANN Druck & Service, Paderborn
Druck und Bindung MOHN Media • Mohndruck GmbH, Gütersloh

ISBN 3-7670-0900-5